안녕하세요, 벵골호랑이 씨.

인터뷰를 시작하겠습니다

앤디 시드 글, 닉 이스트 그림, 김배경 옮김

인북

옮긴이 김배경

가톨릭대학교를 졸업하고 출판사에서 일하다가 지금은 어린이·청소년 책을 우리말로 옮기고 있습니다. 번역서로 『샹데렐라』, 『상상을 현실로 바꾼 수학자들』, 『기회를 주세요』, 『기린에게 다가가세요』, 『슈퍼 수의사와 동물들』, 『반가워요, 대왕판다 씨. 인터뷰를 시작할게요!』 등이 있습니다.

Interview with a Tiger: and Other Clawed Beasts too

Text coyright © Andy Seed 2020

Illustrations copyright © Nick East 2020

Andy Seed and Nick East have asserted their moral rights to be identified as the author and illustrator of this Work in accordance with the Copyright Designs and Patents Act 1988.

First published in UK in 2020 by Welbeck Editions, an imprint of Hachette Children's Group

Korean edition copyright © Pakyoungsa 2025

All rights reserved.

This Korean edition is published by arrangement with Carlton Books Limited through Shinwon Agency Co., Seoul.

안녕하세요, 벵골호랑이 씨, 인터뷰를 시작하겠습니다

초판 1쇄 발행 2025년 6월 13일

지은이 앤디 시드 · 그린이 닉 이스트 · 옮긴이 김배경
펴낸이 안종만·안상준 · 편집 총괄 장혜원 · 디자인 정혜미 · 마케팅 조은선 · 제작 고철민·김원표
펴낸곳 (주)박영사 · 등록 1959년 3월 11일 제300-1959-1호(倫) · 주소 서울시 금천구 가산디지털2로 53, 210호(가산동, 한라시그마밸리)
전화 02-733-6771 | 팩스 02-736-4818 | 이메일 inbook@pybook.co.kr | 홈페이지 www.pybook.co.kr
ISBN 979-11-303-2347-3 73490

*파본은 구입하신 곳에서 교환해 드립니다. 본서의 무단복제행위를 금합니다.
*책값은 뒤표지에 있습니다.
*인북은 (주)박영사의 단행본 브랜드입니다.

순서

들어가는 글 ·· 04

벵골호랑이 인터뷰 ······························ 06
늑대 인터뷰 ·· 10
큰개미핥기 인터뷰 ······························ 14
벌꿀오소리 인터뷰 ······························ 18
재규어 인터뷰 ···································· 22
북극곰 인터뷰 ···································· 26
사자 인터뷰 ·· 30
왕아르마딜로 인터뷰 ·························· 34
눈표범 인터뷰 ···································· 38
세발가락나무늘보 인터뷰 ··················· 42

멸종 위기에 놓인 동물들을 도우려면 ······ 46
도전! '자연 탐구 영역' 평가 ················ 48

들어가는 글

호랑이는 언제 가장 행복할까요? 늑대라서 힘든 점은 어떤 게 있을까요? 사자도 영화관에 갈까요? 내가 동물들에게 이런 질문을 하게 될 줄은 몰랐어요! 하지만 저 질문에 대한 답을 알고 싶어서 이 책을 펼쳤다면, 여러분은 정말 탁월한 선택을 한 거예요.

날카로운 **발톱을 치켜세운 무서운 맹수**들과 마주 앉아 이런 질문을 던지다니, 난 정말 행운아예요. 어쩌면 그 반대일지도 모르지만요. 맹수들이 내게 들려준 대답은 놀랍고, 흥미롭고, 때로는 오싹오싹 소름이 돋을 정도로 **무서웠어요**.

아마 여러분은 이렇게 말하겠죠. "뭐라고요? 동물과 직접 대화를 나눴다고요?" 좋은 질문이에요.

사실은, 몇 년 전 우연히 동물들의 울음소리를 인간의 말로 옮길 수 있는 기계를 만들었어요. 물론 기계에서 인간의 언어 대신, 옷걸이, 고장 난 토스트기, 양말 한 짝이 튀어나와 엉망진창이 된 적도 있지만요. 아무튼 '동물 언어 통역기'를 개발했더니, 지구상의 어떤 동물하고도 대화를 나눌 수 있게 됐어요. 정말 대단한 발명품이죠!

만나서 반가워요!

이 기계를 이용해 동물들과 인터뷰를 하고 이 책에 그대로 실었어요. 여러 가지 이유로 쉽게 만날 수 없는 열 마리의 동물들이, 자신들의 신비한 습성뿐 아니라 우리가 알고 싶어 하는 그들만의 비밀을 모두 공개했답니다. 그래도 대답이 충분치 않다 싶으면, 여러분이 직접 벵골호랑이와 이야기를 나눠보든지요!

벵골호랑이 인터뷰

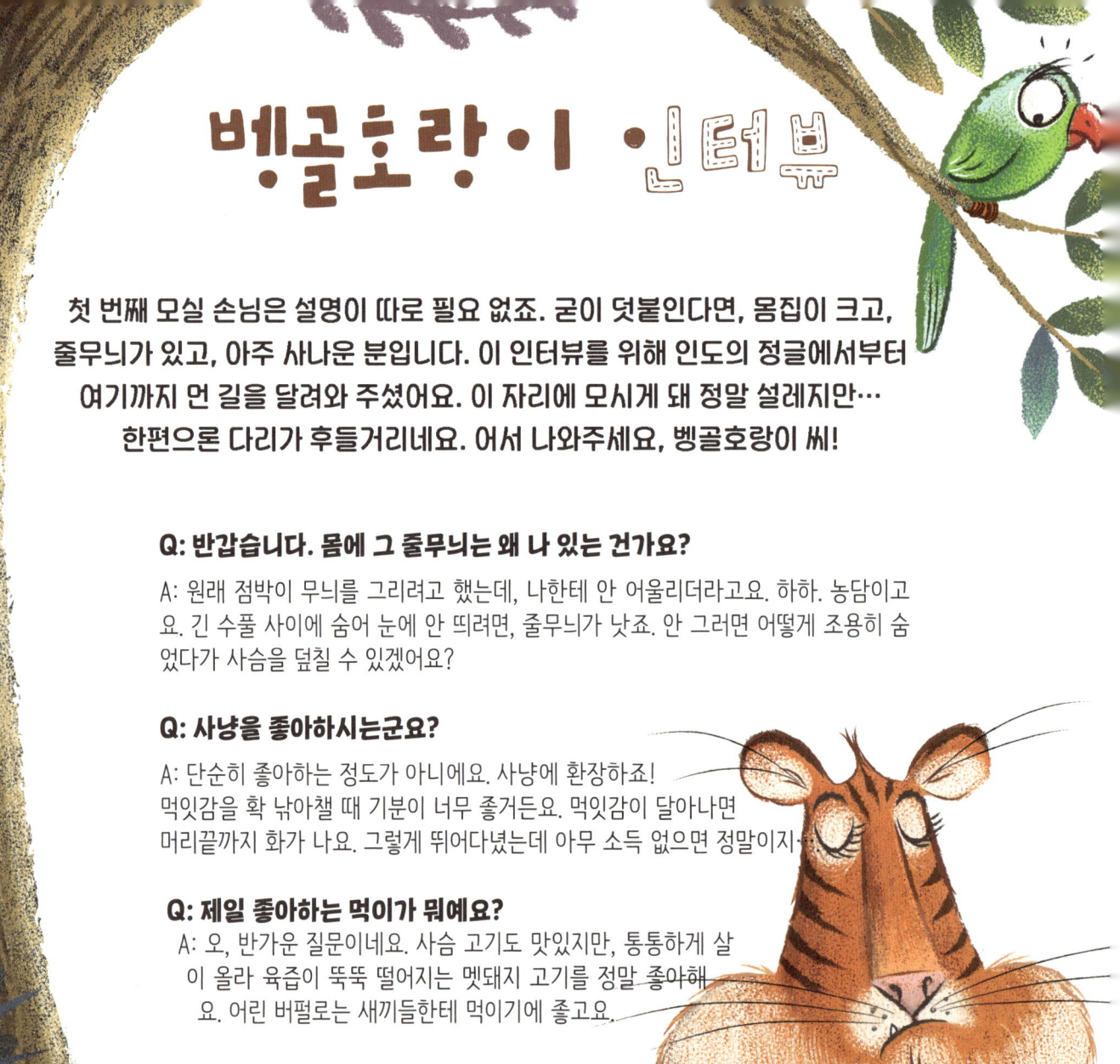

첫 번째 모실 손님은 설명이 따로 필요 없죠. 굳이 덧붙인다면, 몸집이 크고, 줄무늬가 있고, 아주 사나운 분입니다. 이 인터뷰를 위해 인도의 정글에서부터 여기까지 먼 길을 달려와 주셨어요. 이 자리에 모시게 돼 정말 설레지만… 한편으론 다리가 후들거리네요. 어서 나와주세요, 벵골호랑이 씨!

Q: 반갑습니다. 몸에 그 줄무늬는 왜 나 있는 건가요?

A: 원래 점박이 무늬를 그리려고 했는데, 나한테 안 어울리더라고요. 하하. 농담이고요. 긴 수풀 사이에 숨어 눈에 안 띄려면, 줄무늬가 낫죠. 안 그러면 어떻게 조용히 숨었다가 사슴을 덮칠 수 있겠어요?

Q: 사냥을 좋아하시는군요?

A: 단순히 좋아하는 정도가 아니에요. 사냥에 환장하죠! 먹잇감을 확 낚아챌 때 기분이 너무 좋거든요. 먹잇감이 달아나면 머리끝까지 화가 나요. 그렇게 뛰어다녔는데 아무 소득 없으면 정말이지…

Q: 제일 좋아하는 먹이가 뭐예요?

A: 오, 반가운 질문이네요. 사슴 고기도 맛있지만, 통통하게 살이 올라 육즙이 뚝뚝 떨어지는 멧돼지 고기를 정말 좋아해요. 어린 버펄로는 새끼들한테 먹이기에 좋고요.

Q: 사냥 잘하는 비법이 있다면요?

A: 우선, 천천히 소리 내지 말고 다가가 몸을 숨깁니다. 기다란 수풀 뒤에 최대한 몸을 숨기죠. 그런 다음 몸을 낮추고 뒤에서 조심스럽게 다가가요. 슬슬 가까워지면 찰나에 시동을 켜는 거예요! 발톱으로 몸을 꽉 누르고 목을 물면 게임 끝! 이러면 무조건 성공이에요.

Q: 아까 새끼들을 언급하셨는데, 혹시 어미 호랑이 되시는지?

A: 하하. 네, 맞아요. 난 새끼 세 마리를 키우고 있는 엄마예요. 태어난 지 넉 달 된 녀석들인데 이제 제법 컸어요. **항상** 배고프다고 아우성이죠.

Q: 새끼들을 사냥에 데려가기도 하나요?

A: 가급적 그러려고 해요. 그런데 아이들이 워낙 놀고만 싶어 해서… 좀 더 커서 철이 들어야 사냥을 좋아하게 되려나?

Q: 새끼들은 지금 어디 있나요?

A: 바위틈 굴속에 있어요. 비밀스러운 공간이라서 안전하죠. 갓 태어났을 땐 아주 작고 연약한 생명체였으니까요.

호랑이가 좋아하는 먹이
멧돼지
사슴
영양
물소

호랑이의 적들
표범
들개
원숭이
자칼
독수리

Q: 그럼, 남편은 어디 있어요? 남편도 육아에 참여하나요?

A: 그 게으름뱅이요? 새끼들 키우는 데 도움이 하나도 안 된다니까요! 아마 지금쯤 다른 호랑이랑 싸움질이나 하고 있을 거예요. 영역을 뺏으려고요. 내가 몸집이 조금만 더 컸어도 턱에 주먹을 한 방 날려주는 건데!

Q: 영역을 뺏는다고요? 그게 무슨 뜻이죠?

A: 다른 호랑이의 사냥 구역을 빼앗는다는 말이에요. 호랑이는 각자 사냥하는 지역이 따로 있거든요. 덕분에 먹잇감이 마르지 않아요. 만약 다른 호랑이가 내 구역을 침범하면 당장 쫓아내 버릴 거예요.

Q: 호랑이한테 '최고의 하루'는 어떤 날일까요?

A: 낮잠 실컷 자고 일어나 강에 몸 푹 담그고 헤엄치고 놀면서 더위 식히고, 날고기랑 내장을 배 터지게 먹는 날! 우리는 앉은 자리에서 고기를 20킬로그램은 먹어치울 수 있거든요. 하하.

Q: 호랑이를 성가시게 하는 게 있나요?

A: 그럼요. 원숭이요. 이 녀석들은 정말 **참을 수가 없어요!**

Q: 이유가 뭐죠?

A: 나무 위에서 지켜보고 있다가 내가 사슴 가까이 다가가기만 하면 끽끽 소리를 질러서 사슴을 다 내쫓거든요. 원숭이 범 무서운 줄도 모르고. 내가 원숭이 고기를 얼마나 **잘 먹는데**.

Q: 호랑이의 적은 누구예요?

A: 표범, 늑대, 들개, 자칼, 악어, 독수리. 해충도 벌레들도 싫어요.

Q: 인간도 호랑이의 적인가요?

A: 아, 물론이죠. 인간은… 호랑이가 무서워하는 유일한 존재예요. 총을 가지고 다니는 밀렵꾼이 있질 않나, 우리 사냥 구역에다가 자기들이 살 집을 짓질 않나. 정말 밥맛이야.

Q: 밀렵꾼은 왜 호랑이를 잡으려 할까요?

A: 호랑이 가죽이나 신체 일부를 비싸게 팔 수 있거든요. 호랑이 뼈가 좋은 약이 된다고 생각하는 사람들도 있지만, 그건 사실이 아니에요. 인간이 호랑이를 함부로 죽이는 바람에 호랑이 숫자가 이제 얼마 남지 않은 거예요. 멍청한 인간들 같으니라고.

Q: 제일 좋아하는 노래는요?

A: '산중호걸이라 하는 호랑님의 생일날이 되어…' 당연히 이 곡이죠. 하하.

늑대 인터뷰

이번에 모실 특별한 손님은 아시아와 미국의 드넓은 북부 숲 지대를 누비고 다니는 분입니다. 눈이 노랗고 커다란 이빨이 마흔두 개나 있어요. 겉모습만 보면 꽤 심술궂고 날카로워 보이죠. 늑대 씨, 나와주세요!

Q: 첫 번째 질문입니다. 늑대는 보름달이 뜨면 '우우우' 하고 하울링을 하나요?

A: 시작부터 말도 안 되는 질문 좀 하지 마쇼. 당신은 달이 뜨면 '우우우' 울부짖어요?

Q: 이런, 부끄럽네요. 그럼 왜 울죠?

A: 짖거나 으르렁거리거나 낑낑거리는 것으로는 부족할 때가 있잖아요. 무리와 소통할 때나 다른 늑대한테 겁을 주고 싶을 때 '우우우' 하고 길게 울부짖어요.

Q: 방금 '무리'라고 하셨는데, 그게 뭐예요?

A: 이 양반, 아는 게 없군. 무리는 늑대 대가족을 말해요. 집단생활을 하며 함께 사냥하고 영역을 지키고 서로 보호해 주죠.

Q: 늑대는 어떤 동물을 사냥하나요?

A: 몸집이 큰 동물일수록 좋아요. 먹을 게 많으니까. 특히 사슴 고기가 맛있어요. 카리부(북미에 사는 순록)나 엘크(큰 사슴) 같은 녀석들이죠. 들소, 비버, 사향 소도 있어요. 먹이 이야길 하니까 군침이 도는구먼.

Q: 하지만... 늑대보다 몸집이 큰 동물을 어떻게 잡죠?

A: 답답한 양반 같으니. 우리는 무리로 움직인다니까요! 사냥감이 녹초가 될 때까지 쫓아가서 다른 동물들한테서 떨어지게 만드는 거예요. 그런 다음 이빨로 꽉 물어서 상처를 입히고 끌고 와요. 이게 다 일사불란한 팀워크 덕분이라고요.

Q: 늑대는 고기만 먹나요?

A: 그럴 리가.

Q: 이유가 뭐죠?

A: 고기만 먹는 건 낭비가 아닐까 하는데요? 우리는 단단한 이빨로 뭐든 씹을 수 있어요. 사냥감을 잡으면 가죽, 내장, 뼈를 다 발라낼 수 있어요. 뭐든 말만 해보쇼. 못 먹는 게 있는지! 나는 한 번에 15킬로그램을 먹는단 말이오. 게 눈 감추듯 먹는다니까! 포식자는 식량 한 톨도 흘리지 않는 법이오. 언제 또 다음 먹이를 구할 수 있을지 모르니까. 특히 북반구의 혹독한 겨울을 버텨야 하니 말입니다. 인간과 달리 우리는 '인터넷 주문'도 못하잖소!

> 아빠, 내려가는 방법을 모르겠어요.

Q: 와, 무엇이든 다 잘 먹는 잡식성이라. 대단하군요! 뼈는 어떻게 먹어요?

A: 우리는 턱이 잘 발달해서 무는 힘이 무척 세요. 뼈를 아작아작 부수고 뼛속에 들어 있는 액체 성분의 골수까지 먹어치우죠. 내가 얼마나 세게 무는지 시험해 볼라우? 손 좀 내밀어봐요.

Q: 괜찮습니다! 굳이 시험해 볼 필요 있나요. 그런데 인간은 왜 그렇게 늑대를 무서워할까요? 이야기책에 늑대는 항상 악당으로 나오잖아요.

A: 인간이 늑대를 무서워한다고? 천만에. 우리가 인간을 두려워하는걸요. 수백 년에 걸쳐 도처에서 늑대를 사냥하고 죽인 건 바로 인간이라고요.

Q: 하지만 인간은 여전히 늑대를 무서워해요.

A: 알아듣게 설명해달라는 건가요? 좋소. 인간은 과거에 늑대의 서식지인 숲을 베어 버리고, 우리 먹잇감을 쓸어버렸어요. 우리가 사는 땅을 차지하고 농사를 짓기 시작했 죠. 그러니 우리가 얼마나 배가 고팠겠어요. 그래서 소나 양 같은 인간들이 키우는 가 축을 잡아먹었죠. 안 그러면 우리도 굶어 죽으니까.

Q: 늑대랑 사이가 안 좋은 동물이 있나요?

A: 쳇, 당신은 우리한테 사과할 줄 알았는데 그냥 넘어가는군요. 사이가 안 좋은 동물이요? 곰은 배가 고프면 늑대 새끼들을 잡아먹거나 음식을 뺏어가기도 하죠. 그럼 곰 엉덩이를 콱 물어버리죠.

Q: 늑대는 뭘 잘해요?

A: 달리기, 수영, 추운 날씨에도 체온 유지하기, 새끼 돌보기. 냄새도 기가 막히게 잘 맡고 청각도 뛰어나요. 인간보다 훨씬 낫소.

Q: 늑대로 살면서 불편한 점이 있다면요?

A: 첫 번째로, 이런 인터뷰. 딱 질색이오. 그리고 책이나 영화에 자꾸 악당으로 나오는 게 기분 나빠요. 그리고 야생에 살기 때문에 항상 굶주려야 한다는 것과 수명이 짧다는 것도 아쉬워요. 늑대는 수명이 7년쯤 되려나? 아, 갑자기 서글퍼지는군….

큰개미핥기 인터뷰

세 번째 인터뷰의 주인공은 털이 복슬복슬하고 잘생긴 분입니다.
몸집이 크고 먹이를 찾아 쉴 새 없이 돌아다니는 먹보죠.
멀리 브라질에서 와주셨습니다. 큰개미핥기 씨를 모실게요!

Q: 개미를 먹고 산다면서요. 무슨 맛인가요?

A: 담백하고 황홀한 맛이라고나 할까요? 당신이 상상하는 것보다 훨씬 맛있죠.

Q: 개미 말고 다른 것도 먹나요?

A: 물론이죠. 흰개미요! 냠냠 쩝쩝. 개미랑 비슷하지만 좀 더 크림처럼 부드러운 맛이 나요.

Q: 흰개미는 커다란 '둔덕'에 살지 않나요? 어떻게 밖으로 꺼내죠?

A: 식은 죽 먹기예요! 앞발로 구멍을 뚫은 다음, 나의 아름답고 기다란 주둥이를 구멍에 박고 흰개미들을 핥아먹죠.

Q: 그게 쉽다고요?

A: 그럼요. 내 혀는 60센티미터나 되는데, 끈적거리는 침이 잔뜩 묻어있거든요. 혀를 넣다 뺐다 하는 속도가 사람이 눈을 한번 깜박하는 것보다 빠를걸요?

개미 잡아먹는 방법
1. 개미집 근처에 가서 냄새를 맡는다
2. 앞발로 구멍을 낸다
3. 긴 주둥이를 구멍 안에 넣는다
4. 혀로 핥아먹는다
5. 주둥이를 구멍에서 빼낸다

Q: 그럼 개미가 안 물어요?

A: 오, 뭘 좀 아시네! 하지만 난 찌르기 선수라는 사실. 비결은 개미집을 방어한다고 개미군단이 다 몰려나오기 전에 몇백 마리만 핥아먹고 빠지는 거죠. 개미집을 다 헤집어 놓는 게 아니라요.

Q: 몸집이 제법 크신데, 이렇게 작은 곤충들만 먹고 어떻게 살아요?

A: 하하, 다들 그걸 궁금해하더라고요. 만약 사람한테 아침밥을 두 숟가락만 차려주면 더 먹으러 오겠죠? 나도 개미집을 여러 번 찾아가요. 하루에 150번쯤 말이에요. 그럼 3만 5000마리 정도 돼요. 요기하기 딱이죠.

Q: 발도 크네요. 10센티미터는 되는 것 같아요. 먹이 구하러 땅 팔 때만 쓰나요?

A: 이래 봬도 내가 평화주의자거든요. 그런데 정글에는 자칼, 퓨마 같은 사나운 포식자들도 있어요. 나한테 달려들면, 이 크고 단단한 발톱으로 한 방 먹여주죠.

Q: 잠은 어디서 자나요?

A: 잠자는 거 진짜 좋아하거든요. 관목이나 길게 자라난 풀숲 사이 빈 공간에서 몸을 말고 꼬리를 이불 삼아 덮고 자요. 보시다시피 내 꼬리가 길고 털이 무성한 편이라서요. 아늑하죠.

Q: 코는 굉장히 긴데 입은 아주 작네요. 왜 그런 거예요?

A: 그러게 말이에요. 하지만 코가 기니까 개미집까지 닿아서 개미랑 개미 유충까지 먹을 수 있어요. 그리고 자그마한 흰개미를 먹는 데 무슨 이빨이 필요하겠어요? 그러니까 입도 작죠.

Q: 이빨이 없다고요?

A: 딩동댕! 이빨이 없고 눈도 나빠요. 대신 냄새를 킁킁 잘 맡아서 점심 먹는 데 아무 문제 없다는 말씀.

Q: 새끼가 있나요?

A: 그렇다고 봐야죠. 하지만 같이 살진 않아요. 우리는 각자 따로 살아가거든요. 암컷은 새끼를 돌보지만요. 어미가 등에 새끼를 업고 다녀요. 보기가 좋아요.

Q: 마지막 질문입니다. 큰개미핥기로 살아가는 데 장점과 단점은 각각 무엇인가요?

A: 아휴, 난 산불이 정말 싫어요. 밀렵꾼도, 우리 서식지를 파괴하는 인간도 싫고요. 하지만 통통하게 살 오른 곤충들이 널린 너른 풀밭에만 데려가 봐요. 나처럼 행복한 존재도 없을걸요? 모두에게 평화가 있기를!

벌꿀오소리 인터뷰

다음 손님은 여러분이 생각하는 것보다 좀 더 작은 동물입니다. 소형견 크기만 한데, 진짜 오소리는 아니에요. 하지만 거침없고, 무서움을 모르고, 소리를 거의 듣지 못해요. 아프리카 벌꿀오소리(라텔) 씨를 모실게요!

Q: 당신은 모두가 말하듯, 정말 그렇게 맹렬한 성격인가요?

A: 아니에요. 난 작은 곰 인형처럼 귀여운 동물이랍니다. 파리 한 마리도 못 잡는다고요. 이 말은 기사에 꼭 실어주세요. 안 그러면 당신 코를 물어뜯을 테니까.

Q: 허걱, 과격하시군요. 다음 질문으로 넘어갈게요. 꿀을 좋아하세요?

A: 꿀을 좋아하는 정도가 아니에요. 정말 정말, 열렬히 **사랑해요**. 이제 이해가 되시죠? 사실은 벌집에서 벌 유충을 꺼내 우적우적 씹어 먹는 걸 좋아해요.

Q: 벌집을 헤집다가 벌에 쏘이진 않나요?

A: 그럴 때도 있죠. 그런데 피부가 두껍고 털이 억세거든요.

Q: 다른 먹이는 뭘 좋아해요?

A: 음… 곤충, 도마뱀, 새, 개구리, 생쥐, 게르빌루스쥐(저빌), 거북이, 뱀, 전갈. 그리고 알도 잘 먹고 베리류, 나무뿌리 등 식물도 이따금 먹어요. 아프리카 스타일 샐러드죠. 하하.

Q: 뱀이라고요? 독사 말인가요?

A: 그럼요, 얼마나 맛있는데요. 가끔 날 무는 독사가 있지만, 내가 죽일 수 있어요. 자고 나면 물린 상처도 낫고요. 내 몸은 맹독에도 끄떡없거든요. 자고 일어나서 뼈까지 다 먹어치워요. 후훗.

맛있는 꿀을 실컷 먹는 방법
1. 벌집의 냄새를 맡아본다
2. 나무 위로 기어오른다
3. 앞발로 벌집을 열어젖힌다
4. 벌에 몇 번 쏘인다
5. 달콤한 꿀을 먹는다
6. 얼른 도망친다!

Q: 벌꿀오소리는 친구가 많나요?

A: 친구가 많았다면 다 잡아먹었겠죠. 하하, 농담이고요. 아니요, 벌꿀오소리는 친구가 없어요. 천적은 많지만요. 우리는 혼자 있는 걸 좋아해요.

Q: 다른 벌꿀오소리가 다가오면 어떻게 막아요?

A: 고약한 똥오줌 냄새를 풍겨요. 주위에 응가를 한 무더기 싸놓고 나무와 덤불에다가 오줌을 휘갈겨요. 이런 게 바로 '영역 표시'라는 거예요. 다른 벌꿀오소리들이 내 영역을 침범해 내 새끼들을 해치면 안 되니까요. 똥오줌 냄새를 맡으면 내 영역인 걸 알고 물러나요.

Q: 발톱이 진짜 기네요. 그 이유는요?

A: 발톱으로 땅을 파야 하니까요. 삽 대신이죠! 땅속에서 애벌레를 파내거나 1~2미터 깊이의 굴을 파서 내가 누울 곳을 만들어요. 벌집을 찢거나 나를 괴롭히는 하이에나의 눈을 공격할 때도 좋은 무기가 돼요.

Q: 벌꿀오소리는 특기가 뭔가요?

A: 말했듯이 땅을 잘 파고요. 물기도 잘해요. 싸우기, 죽이기, 높은 곳에 기어오르기도 잘하고. 비록 온갖 위험이 가득하고 더운 땅이지만 나름 잘 지내고 있어요. 동물원에 잡혀가지도 않고요. 진짜 기특하지 않아요?

확
물어버릴 테다!

Q: 그럼 잘 못하는 건요?

A: 음, 냄새 맡는 능력 하나는 **끝내줘요**. 하지만 청력과 시력이 형편없죠. 지금도 앞이 잘 안 보여요. 희미하게 보여서 그러는데… 당신, 사람 맞죠? 잠깐, 가로등 기둥인 줄 알았잖아요.

Q: 그렇게 특별한 동물인데, 농부들은 왜 벌꿀오소리를 싫어할까요?

A: 아마… 가끔 우리가 저지르는 짓 때문일 거예요. 닭을 죽이거든요. 그게 다 울타리가 허술하기 때문이라고요. 타 넘기도, 땅 밑으로 파고 들어가기도 쉽다고요. 게다가 나무로 지은 닭장은 물어뜯기 쉽고요. 마치 '제발 와서 우리 닭 좀 잡아가라' 하고 비는 것 같다니까요. 그리고 나도 농부들이 싫어요!

Q: 벌꿀오소리가 무서워하는 동물도 있나요?

A: 아뇨, 없어요. 물론 악어나 사자한테 물리고 싶은 마음은 추호도 없지만, 물리더라도 가죽이 워낙 두꺼워서 별로 다치지 않아요. 그래서 악어나 사자가 옆에 있어도 무시하고 내 갈 길만 간답니다.

Q: 오늘 인터뷰 고맙습니다. 더 하고 싶은 말 있나요?

A: 있어요. 나 이제 갈 거니까, 길 좀 비켜요!

재규어 인터뷰

이번에는 머나먼 멕시코 습지에서 온 희귀하고도 아름다운 맹수를 모실게요. 같은 이름을 가진 스포츠카도 사람들에게 인기가 있는데요. 사납고 위협적이며 근육질의 고양잇과 동물, 재규어 씨를 소개합니다!

Q: 재규어의 흥미로운 점에 대해 이야기해 주세요.

A: 음, 이야기해 달라니 해줘야죠. 뭐가 있을까나… 첫째, 나는 표범과 다른 동물이에요. 표범은 아프리카와 아시아에 살지만, 우리는 아메리카 대륙에 살거든요. 둘째, 나는 고양잇과 동물 중 호랑이와 사자에 이어 세 번째로 몸집이 크죠. 셋째, 나는 헤엄을 정말 잘 쳐요.

Q: 재규어로 사는 건 어떤가요?

A: 만날 똑같은 질문이네…. 아, 내 말은, 좋은 질문이라고요! 재규어로 사는 건 쉽지 않아요. 우리를 잡아먹을 수 있는 동물은 없지만, 항상 스스로 먹이를 구해야 해서 힘들거든요. 게다가 먹잇감들이 어찌나 도망을 잘 치는지. 초식동물이야 사는 데 어려움이 없겠지만, 사냥해서 먹고사는 우리는 먹잇감이 언제 나타날지 모르니 늘 배가 고프죠.

Q: 몸에 난 그 반점은 뭐죠?

A: '로제트'라고 해요. 장미 꽃잎을 닮은 무늬라서요. 이 무늬 덕분에 잎이 무성한 덤불 사이에 숨어 있으면 눈에 잘 띄지 않아요. 멧돼지나 다른 맛있는 먹잇감들이 지나갈 때 숨어 있다가 덮치기 좋죠.

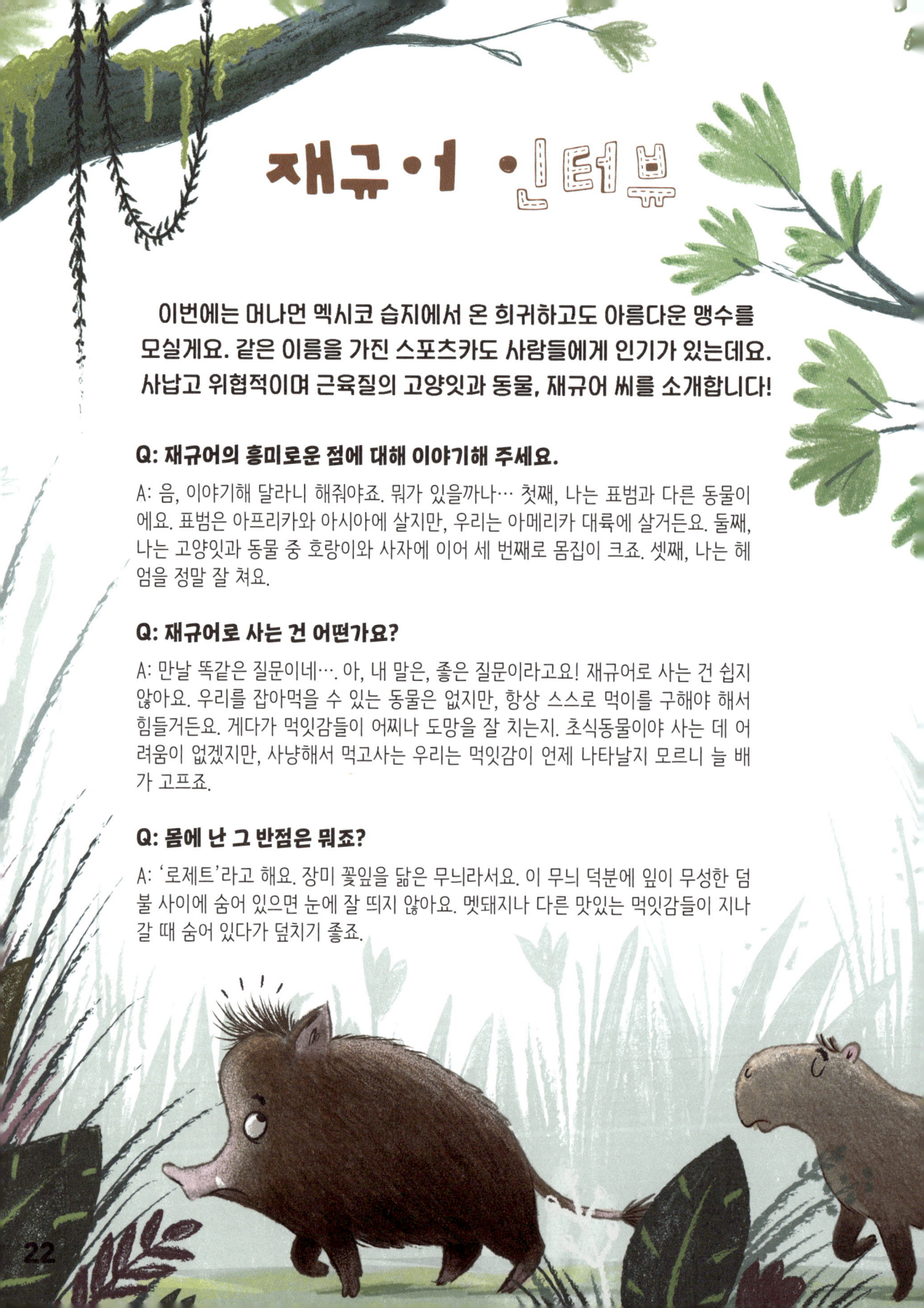

Q: 가장 좋아하는 먹이가 뭔데요?

A: 이제야 말이 좀 통하시네! 멧돼지가 육질이 좋고 맛있어요. 하지만 뭐니 뭐니 해도 카피바라를 입에 한입 물 때가 최고죠. 개미핥기 같은 것들보다 훨씬 맛있다니까요. 사슴도 먹을 만하고, 아르마딜로는 간식거리로 딱이고요. 거북이나 물고기도 가끔 먹으면 별미예요.

Q: 재규어가 못 잡는 것도 있나요?

A: 기차? 하하. 농담이고요. 사실, 페커리가 빠르고 물리면 꽤 아파요. 카이만은 미끈거려서 물속에서 잡기가 쉽지 않죠.

Q: 카이만은 악어(크로커다일)잖아요. 그걸 어떻게 잡죠?

A: 몸집이 작은 앨리게이터에 가깝죠. 그 둘은 좀 다르니까요. 어떻게 잡는지 알려줘요? 강둑에서 조용히 기다리고 있다가 카이만이 가까이 오면 물속에 뛰어 들어가 머리를 콱 물죠. 두개골이 산산이 부서지도록.

Q: 두개골을 부순다고요?

A: 당연하죠. 카이만은 죽이기 힘든 동물이에요. 하지만 난 무는 힘이 아주 세거든요. 기회를 잘 노렸다가 제대로 물기만 하면 문제없죠. 하지만 내가 먼저 물지 않으면 카이만한테 물릴 수도 있어요. 아, 하품이 나오네. 더 물어볼 거 있어요?

Q: 음, 재규어는 호랑이나 사자 같은 다른 대형 고양잇과 동물만큼 빠른가요?

A: 나는 사냥감을 쫓는 대신 숨어 있다가 공격하는 스타일이에요. 특히 어둑어둑 땅거미가 질 때 안 들키고 몰래 따라가는 데 선수죠. 숨죽이고 살금살금 기어서…. 물론 앞으로 쏜살같이 튀어 나가거나 재빨리 덮칠 수는 있어요. 하지만 달리기를 잘하는 편은 아니라서요. 몸집이 크다 보니.

Q: 재규어들끼리는 잘 어울리는 편인가요?

A: 절대로 아니지! 우리는 자기 사냥 구역을 지키는 데 목숨을 걸어요. 나도 다른 녀석들이 내 구역에 못 들어오게 무섭게 으르렁거리고 똥오줌으로 영역 표시도 해놓아요. 숲이든 늪지대든 각자 자기 구역에선 자기가 왕이에요.

Q: '블랙 판다'라고 하는 흑표범, 아는 친구 있어요?

A: 아니, 하지만 본 적은 있소. 녀석들은 검은색 털 코트를 입은 재규어(흑재규어)예요. 캄캄할 때 얄미울 정도로 위장술에 능하죠. 하지만 안타깝게도 밀렵꾼들이 녀석들을 많이 노려요.

Q: 사람들이 재규어가 사는 곳 근처에 농장을 세웠어요. 혹시 가축을 해친 적 있어요?

A: 배가 아주 고플 때만. 보통은 인간을 멀리하죠. 인간은 나무를 베고 모든 걸 파괴하거든. 하지만 당신은 좋은 사람 같아요. 질문을 너무 많이 해서 성가시긴 하지만. 나 이만 갈래요.

북극곰 인터뷰

이 인터뷰를 위해 저 멀리 북극에서 한달음에 와 주신 동물이 있습니다. 세상에서 가장 크고 하얀, 육지 육식 동물이죠. 얼음 위의 여왕, 바다의 약탈자라는 별명도 가지고 있고요. 기대되시죠? 자, 북극곰 씨 나와주세요!

Q: 꿈이 뭔가요?
A: 살 많이 많이 찌는 거요.

Q: 네? 인간들은 대부분 살 빼려고 기를 쓰는데요?
A: 아, 그래요? 인간은 먹을 게 많아서 그런가 보죠. 우린 먹이가 부족하거든요.

Q: 펭귄을 만난 적 있나요?
A: 펭… 뭐라고요?

Q: 만난 적 없는 걸로 알겠습니다. 펭귄은 남극에 살고, 당신은 북극에 살기 때문인가 봅니다.
A: 그건 그렇고, 먹을 것 좀 있어요? 맛있는 아기 고래 고기라든가?

Q: 아, 그런 건… 안 갖고 다녀서요. 그럼, 일 년 중 제일 좋아하는 때가 언제죠?
A: 여름은 확실히 아니에요. 난 여름이 싫어요.

Q: 왜요?

A: 바닷물 얼음(해빙)이 녹으니까요! 먹이 구하기가 힘들어지거든요. 그러면 땅 위에 올라가서 새알이라든가 해초 같은 변변찮은 먹이들을 찾아 먹죠.

Q: 북극의 겨울은 어떤가요?

A: 말도 안 되게 추워요. 하지만 몸에 지방이 많아서 추위로부터 몸을 따뜻하게 보호해 줘요. 눈보라가 불어닥치면 사냥할 때 앞이 안 보여서 싫어요. 바람이 너무 세면 물개 냄새를 맡기 어렵거든요.

Q: 북극곰은 발이 엄청나게 큰데, 왜 그런가요?

A: 하암. 하품해서 미안해요. 먹을 걸 찾느라 한참을 걸어 다녔더니 피곤하네요. 내 발이요? 발이 넓어서 수영하기 좋고 얼음 위에서 미끄러지지도 않죠. 발톱으로 얼음을 꽉 짚을 수 있거든요. 얼음이 워낙 미끄럽잖아요.

Q: 북극곰 피부는 검다는 게 사실인가요?

A: 네. 하지만 눈 위에서 사냥할 때 몸을 위장하려면 털이 희어야겠죠?

Q: 북극곰만의 뛰어난 사냥 기술이 있나요?

A: 아, 이제야 질문다운 질문을 하는군요. 우리는 바다 옆에서 살기 때문에 주로 물개를 잡아먹어요. 물개를 잡으려면 꽝꽝 언 얼음을 찾으면 돼요. 우린 수 킬로미터 밖에서도 물개 냄새를 맡을 수 있고, 얼음 속에 물개 숨구멍도 찾을 수 있거든요. 살금살금 다가가 물개가 수면 위로 올라올 때 확 낚아챈답니다. 맛있는 점심 식사 '득템'!

Q: 물개를 왜 그렇게 좋아해요?

A: 그야 지방 때문이죠. 에너지를 주는 영양소 말이에요. 물개도 체온을 따뜻하게 유지하기 위해 지방층이 두꺼워요. 우리가 그걸 먹는 거죠, 냠냠. 그게 생존할 수 있는 힘이 되거든요.

얼음 위에서 휘청휘청! 아이고 허리야!

Q: 사냥을 그렇게 잘하는데, 왜 항상 배고프다고 하나요?

A: 잘 모르시나 본데, 물개 잡는 게 진짜 어려워요. 대개 물개들이 멀리 나가 있거든요. 게다가 얼음이 녹고 있잖아요. 해마다 얼음이 계속 녹아 없어지고 있어요. 그래서 물개를 잡으러 수 킬로미터씩 헤엄쳐 가야 돼요. 얼마나 피곤한지 몰라요. 굶어 죽는 북극곰도 있어요.

Q: 끔찍하네요. 사람들이 환경을 오염시켜 지구의 기온이 계속 올라가기 때문이에요. '지구온난화'라는 말 들어봤나요?

A: 그게 다 당신들 탓이잖아요! 진짜 혼내주고 싶어요! 그런데 인간은 지방이 별로 없어서 그냥 물개나 잡아먹을래요. 다행인 줄 알라고요!

Q: 미안해요. 우리도 기후 변화를 막기 위해 노력하고 있는데, 쉽지는 않네요. 북극곰으로 살기 힘든 점, 또 없어요?

A: 음, 나 같은 암컷은 먹지 않고 여섯 달을 버틸 수 있어요. 하지만 수컷은 배가 고프면 새끼를 죽이기도 해요. 늑대(북극늑대)도 우릴 괴롭히고 바다코끼리도 이빨로 공격하면 진짜 아파요.

Q: 저런. 그럼 북극곰이라서 정말 좋은 점은 뭐가 있을까요?

A: 우리는 강하고 세요. 후각도 뛰어나고요. 수영 실력도 끝내주죠. 극한의 추위도 견딜 수 있고, 세상 그 무엇도 두렵지 않아요. 우리는 말이죠…, 하품이 자꾸 나네, 우리는요… 쿨쿨.

사자 인터뷰

어디선가 맹수의 포효 소리가 들리지 않나요? 지금 이 자리에 어마 무시한 동물이 찾아오셨기 때문인데요. '백수의 왕'이라는 자부심이 빛나는 분입니다. 무서운 발톱을 세우고 아프리카의 드넓은 초원을 평정하고 오셨습니다. '동물의 왕국'의 진정한 킹! 사자 씨입니다!

Q: <라이언 킹> 보셨어요?

A: 그게 누구지? 우리 동네 사자는 내가 다 꿰차고 있는데.

Q: 영화 제목이잖아요.

A: 난 영화는 잘 모르니까. 영화에서 사자가 좋게 그려지지는 않을 텐데?

Q: 사자가 다른 대형 고양잇과 동물과 다른 점이 뭐죠?

A: 그야, 뻔하지! 우리는 가장 으뜸으로 손꼽히는 동물이고, 고귀하고, 강하고, 용맹스럽고, 잘 생겼고, 성격도 좋다는 점이겠죠.

Q: '무리를 지어 사는 점이 다르다'라고 대답하실 줄 알았는데요.

A: 음, 맞는 말이에요. 사자 무리를 '프라이드(Pride)'라고 하는데, 수컷 두 마리와 나를 포함한 암컷 세 마리, 그리고 새끼 여덟 마리까지 모두 열두 마리가 가족을 이루고 산답니다.

Q: 그러면… 13마리 아닌가요?

A: 이봐요, 내가 사냥 잘한댔지, 수학 잘한다고 했어요?

Q: 앗, 미안합니다. 그런데 왜 사자를 '정글의 왕'이라고 부를까요?

A: **내 말이요!** 우린 숲속이 아니라 초원처럼 탁 트인 공간에 사는데 말이죠. 하지만 **왕**이라고 불러주니 기분은 좋네요.

Q: 코끼리랑 싸워본 적 있어요?

A: 그럼요. 누가 이겼는지는… 말 안 할래요. 영양이나 얼룩말 같은 먹이가 없을 때 새끼 코끼리를 노리기도 해요. 그런데 어른 코끼리는 덩치가 크고 너무 세서 만만치 않아요. 우리가 아무리 **동물의 왕**이라 해도.

Q: 어떤 동물들을 사냥하나요?

A: 버펄로, 몸집이 큰 영양, 혹멧돼지, 기린, 하마는 좀 위험한 녀석들이죠, 짜증 나게. 다른 동물들은 몸집이 작아서 무리가 다 같이 먹기엔 부족하고요. 그래서 우린 목숨 걸고 사냥해요. 실패하면 내가 굶어 죽는다는 심정으로. 아프리카 초원엔 '사자 전용 식당' 같은 건 없으니까요.

얼룩말 잡아먹는 방법
1. 모두 흩어진다
2. 각자 다른 방향에서 몸을 숨기고 다가간다
3. 혼자 떨어져 있는 얼룩말을 향해 질주한다(이 때 머리를 노릴 것!)
4. 얼룩말이 도망가지 못하게 모두 합세한다
5. 숨통이 끊어지도록 얼룩말의 목을 문다
6. 다 같이 맛있게 먹는다

Q: 사자보다 훨씬 크고 몸무게가 많이 나가는 버펄로는 어떻게 잡아요?

A: 어떻게 잡긴요, 뛰어난 기술과 영리한 꾀로 잡죠! 그리고 팀워크가 중요해요. 우리 암컷들은 협력을 잘 해요. 하나는 키 큰 풀숲에 숨고, 다른 하나는 덤불 뒤에서 뛰어나갈 준비를 해요. 버펄로를 쫓아가서 기력을 다 빼놓은 다음 목 부위를 꽉 무는 건데, 이게 또 **힘이 어마어마하게 든답니다**. 자칫 버펄로 뿔에 크게 다칠 수도 있어요. 하지만 버펄로를 쓰러뜨리기만 하면 몇 날 며칠은 온 가족이 배불리 먹을 수 있죠. 쩝쩝.

Q: 당신도 새끼가 있어요?

A: 귀여운 새끼 두 마리요. 태어난 지 석 달 됐는데 어찌나 말썽을 피우는지. **노는** 것도 엄청 좋아해요! 새끼 돌보기가 쉽지 않아요. 하하.

Q: 태어났을 때 새끼는 어떤 모습이었어요?

A: 아주 작고, 눈도 뜨지 못하는, 여린 생명 그 자체였어요. 일주일쯤 지나 겨우 눈을 뜨고 삼 주가 지나서야 걷기 시작했어요. 그러고는 **만날** 젖 달라고 아우성이죠. 참, 녀석들이 천적들 눈에 띄지 않게 잘 숨겨줘야 돼요.

Q: 왜 숨기나요?

A: 내가 사냥 나가 있는 동안 하이에나나 표범이 새끼를 죽일지 모르니까요. 버펄로도 기회만 있으면 사자 새끼들을 지근지근 밟아놓으려고 하거든요. 그래서 새끼들의 거처를 계속 옮기죠.

Q: 사자에게 닥친 또 다른 어려움이 있다면요?

A: 굶주림이오. 우리가 **똑똑한** 맹수이긴 해도, 사냥에 성공할 때보다 실패할 때가 많거든요. 게다가 인간은 우리를 사냥하고, 우리 서식지를 침범해 가축을 먹이는 목초지로 쓰려고 하죠. 질병이 돌아 사자들이 목숨을 잃기도 하고요. **사자도 사는 게 고달프다니까요.**

Q: 수컷 사자들에 대해 어떻게 생각해요?

A: 몸집도 크고 힘도 세지만, 좀 **게을러요**. 암컷은 새끼 키우지, 사냥도 하지, 가족 전체를 돌보는데 말이에요. 수컷은 밖에 나가서 쌈박질만 하네요. 나 원.

Q: 고맙습니다. 더 하실 말씀 있나요?

A: 사자가 동물 중 **최고**라는 말, 내가 했던가요? 아, 아까 했죠.

왕아르마딜로 인터뷰

이번에는 남미 출신의 신비한 포유류 동물을 초대했습니다. 아주 희귀하고, 혼자 있기를 좋아하는, 수줍음 많은 왕아르마딜로입니다!

Q: 왕아르마딜로를 본 사람은 많지 않을 겁니다. 이유가 뭘까요?

A: 안녕하세요, 만나서 반가워요. 그 질문에 대한 답변을 드리자면, 안타깝게도 지금 남은 개체가 얼마 없어서이기도 하고, 사람과 멀리 떨어진 곳에서 살기 때문이에요. 남들 눈에 띄지 않는 곳에서 하루 종일 잠을 자는 습성도 있고요.

Q: 잠은 어디서 자나요?

A: 땅속의 굴에서 자요. 며칠에 한 번씩 새 굴을 파서 지내다가 이사하길 반복하죠.

Q: 와, 놀랍네요! 나 같으면 일주일에 두 번씩이나 이사하기 싫을 것 같아요. 한곳에 살지 않고 왜 계속 옮겨요?

A: 좋은 지적이에요. 훌륭한 질문이고요. 우리는 먹이를 찾아 옮겨 다니거든요. 입맛이 좀 까다로운 편이라서요.

Q: 설마, 피자랑 햄버거만 먹는 건 아니죠?

A: 하하, 그럴 리가요. 아닙니다. 물론 우리 먹잇감 중에는 '재빨리' 도망을 쳐서 '패스트푸드'라는 별명이 어울리는 것도 있긴 하지만요. 우리는 흰개미나 개미 같은 곤충을 먹고 살아요.

Q: 발톱이 엄청나게 크네요. 제일 긴 발톱은 20센티미터나 될 정도로요. 그렇게 거대한 발톱으로 어떻게 작은 개미를 잡아요?

A: 훌륭한 질문이에요. 제법인데요? 크고 단단한 흰개미 둥지(둔덕)를 파려면 큰 발톱이 유리해요. 그러고 나서 작은 개미 녀석들을 핥아먹죠. 이 발톱으로 쉴 곳을 마련하려고 굴을 파고요.

Q: 밤에 활동하는 야행성이신데, 도대체 개미 둔덕을 어떻게 찾나요?

A: 이번에도 좋은 질문이었어요. 우리는 안타까울 정도로 시력이 나쁘지만, 냄새 하나는 기가 막히게 잘 맡거든요. 코를 믿고 냄새를 따라가는 거죠.

Q: 그렇군요. 그리고 당신은 아주 단단한 등껍질을 입고 있죠. 밤에 나무에 쿵쿵 부딪히고 다녀서 그런 건가요?

A: 하하, 그건 아니고요. 사나운 짐승들로부터 우리 자신을 보호하기 위해 두르는 갑옷 같은 거죠. 주위에 굶주린 퓨마나 재규어가 돌아다니니까요.

Q: 덩치 큰 고양잇과 맹수들이 골치인 거네요?

A: 그게… 이 말을 어떻게 꺼내야 좋을지… 사실 진짜 골칫거리는 따로 있거든요. 두 발 달린 멍청한 존재들이죠.

Q: 그게 누구죠? 닭인가요?

A: 아뇨. 그게 그러니까… 인간을 말하는 거예요.

Q: 유감이군요. 인간이 무슨 짓을 했길래요?

A: 별 건 아녜요. 우리를 사냥하고, 잡아먹고, 트럭으로 밟고 지나가고, 작물을 해친다고 해충 잡듯 총으로 쏘아 죽이고, 우리 서식지를 파괴하고… 뭐 그런 정도? 이것만 빼면 참 착한데 말이죠.

Q: 차마 '별 건 아니'라고 할 수 없겠네요. 정말 미안합니다. 주제를 바꿔볼게요. 당신 이름은 '왕'아르마딜로죠. 몸이 크기 때문인가요?

A: 네. 몸길이가 90센티미터 정도예요. 그리 크지 않지만, 다른 아르마딜로들에 비하면 큰 편이라서요.

Q: 그래도 왕아르마딜로 씨가 굴을 파면 꽤 크겠어요.

A: 맞아요, 꽤 크죠. 하지만 계속 새로운 굴을 파기 때문에 다른 동물들이 우리가 파두었던 굴에 들어가 살아요. 여우, 뱀, 도마뱀 등등이요. 노숙자들에게 무료 숙소를 제공하는 셈이죠!

Q: 정말 너그럽고 친절하시군요. 마지막으로, 왕아르마딜로에 대해 더 알려주고 싶은 사실이 있다면 말씀해 주세요.

A: 이빨은 100개이고, 추위를 못 견뎌요! 남미 사람들은 우리를 '타투(tatú)'라고 불러요. 그럼, 좋은 하루 보내세요. 이 책도 잘 만드시기 바라요. 그리고 독자들에게 제발 우리 좀 잡아먹지 말라고 전해주세요.

눈표범 인터뷰

이번 손님은 외진 산악지대에 사는 대형 고양잇과 맹수입니다. 신비하고 아름답기로 이름난 동물이죠. 지구상에 얼마 남지 않아 만나기 어려운 희귀종이기도 한데요. 이 자리까지 나와주셔서 영광입니다. 눈표범(회색표범) 씨를 소개합니다!

Q: 사는 곳이 정확히 어디인가요?
A: 몽골고원 서쪽 산등성이에 살고 있어요.

Q: 거긴 어디죠?
A: 중앙아시아의 산악지대예요.

Q: 아, 그렇군요. 거기 환경은 어때요?
A: 척박한 곳이죠. 건조한 풍광이 펼쳐지고 기온이 아주 낮아요. 해발 고도가 3000~5000미터인 고지대라서 산소가 희박해요.

Q: 무슨 말인지 쉽게 좀…
A: 바위산이 많고 춥다고요.

Q: 산소는 무슨 얘기죠?
A: 높은 지대는 산소가 부족해서 숨쉬기가 힘들어요. 사람은 그럴 거예요. 난 적응됐지만요.

Q: 그런데, 표범이 눈 속에서 뭘 하나요?
A: 사냥하고, 번식하고, 뭐 그렇게 평범하게 사는 거죠. 그런데 남의 눈에는 잘 안 띌 거예요.

눈표범이 추위 이기는 비결
- 작고 털이 무성한 귀
- 몸에 난 두꺼운 털
- 아주 길고 통통한 꼬리
- 발바닥 볼록살을 덮고 있는 털
- 차가운 공기를 덥혀주는 커다란 콧구멍

안녕!

Q: '눈에 잘 안 띈다'는 게 무슨 뜻이에요?

A: 우린 찾아보기 아주 어렵거든요. '유령 고양이'라는 별명이 있을 정도예요. 발길이 잘 닿지 않는 깊은 계곡에 살기 때문이죠. 먹잇감이 부족한 곳이기도 해요. 게다가 개체 수는 적은데 넓은 지역에 흩어져 살다 보니 더욱 만나기 힘들죠.

Q: 너무 추워서 살기 힘들겠어요.

A: 네, 하지만 이런 환경에서도 생존할 수 있게 완벽 적응했어요. 털이 아주 촘촘하게 나 있고, 귀가 작아서 열(체온)을 덜 빼앗기죠. 길고 두툼한 꼬리를 이불처럼 덮고 자고요. 발바닥이 넓어서 부드러운 눈 위를 걷기 좋아요.

어, 안녕!

Q: 사냥을 한다고 하셨는데, 주로 뭘 먹고 사나요?

A: 바랄, 타르, 아이벡스. 주로 이것들을 잡아요.

Q: 뭐라고요?

A: 산양과 산 염소들이에요.

Q: 그렇군요. 그럼 사냥감들이 산을 아주 잘 오를 텐데, 어떻게 잡아요?

A: 우리 몸에 난 무늬(로제타)와 털 색깔 덕분에 사냥감을 뒤쫓을 때 몸을 숨기기 좋아요. 경사가 가파른 곳에 숨어 있다가 갑자기 뛰어내려서 한 번에 잡아요. 추격 속도가 제법 빠르거든요. 발톱으로 먹잇감을 꽉 붙잡고 이빨로 목을 물어서 숨통을 끊어놓죠.

Q: 언덕 아래까지 쫓아 내려가나요?

A: 맞아요. 절벽 아래까지 쫓죠. 우리는 균형감각이 탁월해요.

Q: 많은 동물들이 인간을 싫어해요. 눈표범도 그런가요?

A: 재미있는 질문이네요. 인간이 눈표범의 서식지에 넘어 들어와 밀렵을 하고 가축을 기르면서 눈표범들의 숫자가 확 줄어든 게 사실이죠. 기후 변화도 우리에게 큰 위협이고요. 다행히 눈표범 보존의 중요성을 깨달은 사람들이 늘어나 국립공원이나 야생동물 보호구역, 자연 보호구역 등을 세우면서 우리도 보호를 받게 됐어요.

Q: 좋은 소식도 있고, 나쁜 소식도 있는 거군요.

A: 맞아요.

3단계: 눈 위로 가볍게 착지!

2단계: 힘차게 뛰어오른다

1단계: 몸을 낮추고 웅크린다

Q: 눈표범도 포효하며 우나요?

A: 아니요. 하지만 동료를 끌어모으고 싶을 땐 큰소리로 울부짖어요.

Q: 혹시 아는 농담 있어요?

A: 하나 알아요. 독수리가 말해준 건데, 눈표범이 숨바꼭질을 못 하는 이유가 뭘까요? 꼬리가 길면 밟히니까! 별로 재미없죠?

Q: 하하. 맘에 드네요. 마지막 질문입니다. 눈표범이 지구상의 몇 안 되는 희귀종이라는 사실이 기쁘신가요?

A: 누군가 이러더라고요. 눈표범은 '천국으로 가는 정상을 지키는 수호자'라고. 하늘과 맞닿은 고원에 살아서 붙여준 별명 같아요. '하늘로 치솟은 바위산의 제왕', '얼음 위의 정령'이라고도 해요. 난 그냥 부끄럼 많고 덩치 큰 고양이일 뿐인데. 인터뷰는 이것으로 마치죠.

Q: 아, 네. 감사합니다.

A: 안녕히 계세요.

세발가락나무늘보 인터뷰

마지막 인터뷰 손님은 지구상에서 가장 이상한 동물 중 하나로 손꼽힙니다. 몸은 한없이 느리지만 마음만은 느리지 않죠. 까불까불 쾌활한 친구, 나무늘보를 소개합니다!

Q: 첫 번째 질문입니다. 나무늘보는 정확히 어디 살아요?

A: 서울시 느림보구 느림보동 11번지.

Q: 정말이에요?

A: 하하, 장난이죠. 사실 우리는 나무 위에서 살아요. 중앙아메리카 코스타리카 열대우림이 우리 집이에요. 만나서 반가워요!

Q: 네, 반갑습니다. 다들 나무늘보는 아주 천천히 움직인다고 알고 있죠. 게을러서 그런가요?

A: 좋을 대로 생각하세요.

Q: 다시 말씀해 주실래요?

A: 미안. 이번에도 장난이었어요! 내가 장난기가 좀 많아요. 게으른 성격이냐고 물었죠? 아뇨, 절대 그렇지 않아요. 우리는 식사를 잘 못해서 에너지를 아끼려고 천천히 움직이는 거랍니다. 나뭇잎만 먹고사는데, 부실한 편이잖아요.

Q: 납득이 되네요! 그런데 털이 왜 군데군데 초록색이에요?

A: 휴지 살 돈이 없어서 이렇지 뭐예요… 에취! 농담이고요. '말'이라는 (조류) 식물이 털에 붙어 자라고 있어서 그래요. 열대우림은 축축한 환경이거든요. 이 식물은 해롭지 않아요. 이러다가 내 몸에 곰팡이가 퍼지는 건 아니겠죠? 그럴 리 없어요!

Q: 나무늘보라서 좋은가요?

A: 나무 기둥으로 사는 것보단 낫죠! 사실, 나무늘보로 태어나서 기뻐요. 요즘은 사는 게 전처럼 편안하진 않지만요….

Q: 발톱이 특이해요. 꽤 큰 것 같기도 하고요.

A: 페디큐어를 예쁘게 발라서 그래요…. 하하, 이번에도 농담! 나무를 잘 타려면 발톱이 클수록 좋죠. 나무 위에 사는 동물한테는 아주 중요한 문제랍니다. 다른 나무늘보가 괴롭힐 때 나를 지키는 수단도 되고요.

Q: 가장 무시무시한 적은 누구예요?

A: 조커, 매그니토, 렉스 루터 같은 빌런들이요. 미안, 미안. 장난이고요. 한번 장난을 시작하면 멈출 수가 없어요. 사실은 재규어나 큰 뱀들, 부채머리수리 같은 맹금류들. 나무늘보를 잡아먹는 고약한 습성이 있거든요. 참, 재규어 인터뷰도 하셨단 말을 듣고 내 귀를 의심했잖아요. 재규어가 우리한테 미안하다는 말은 안 하던가요?

Q: 이런, 알고 계셨어요? 자, 빨리 다음 질문으로 넘어가죠. 나무늘보는 큰소리로 끽끽 울기도 한다면서요?

A: 그게 어때서요? 암컷이 새끼를 가지려 할 때 내는 울음소리예요. 수컷의 관심을 끌려는 행동이죠. 정글에는 남녀 사이의 비밀이 없답니다. 하하.

Q: 나무늘보는 그룹 생활을 하나요?

A: 네. 나 아이돌 그룹 생활 중이에요! 하하. 농담이고요. 우리는 무리를 짓지 않고 각자 따로 살아요.

Q: 나무늘보와 관련된 것 세 가지를 바꿀 수 있다면, 뭘 바꾸겠어요?

A: 음, 이번에는 농담 안 하고 진지하게 대답할게요. 우선, 환경운동가인 그레타 툰베리에게 전화해 열대우림의 나무를 베어내는 벌목꾼들을 막아달라고 부탁할래요. 둘째, 내 시력이 더 좋았으면 해요. 내 엉덩이도 안 보이거든요! 셋째, 근육이 더 우람해졌으면 좋겠어요. 그러면 일주일 안에 마라톤 완주를 할 수 있을 텐데.

Q: 끝으로, 나무늘보에 대한 흥미로운 사실 세 가지만 밝혀주실래요?

A: 으윽, 사실이란 거, 별로 안 좋아해요. 열광하죠. 하하. 좋아요, 세 가지 사실 나갑니다.

1. 수영을 꽤 잘한다.
2. 40분 동안 숨을 참을 수 있다.
3. 똥은 일주일에 한 번만 싼다. 숲 바닥에 구멍을 파고 화장실을 만든다. 그런데 똥을… 엄청나게 많이 싼다! 이제 알았죠?

Q: 좋습니다. 오늘 인터뷰에 응해줘서 고마워요.

A: 아, 진짜 끔찍했어요. 하하. 농담이고요. 즐거운 인터뷰였어요.

멸종 위기에 놓인 동물들을 도우려면

지금까지 이 책에 소개된 동물들의 이야기 재미있게 읽었나요? 나도 재미있었어요. 물론 인터뷰를 하면서 좀 무서운 동물도 있었지만요. 몇몇 동물은 다시는 못 만날까 봐 안타깝기도 했어요.

이 책에 등장하는 동물 중 대여섯 종은 실제로 멸종 위기에 처해 있어요. '멸종'이라는 말에서 알 수 있듯이, 슬프게도 지구상에서 영영 사라질 위험에 놓인 거죠. 우리가 지구 환경을 돌봄으로써 이 동물들을 지키지 않는다면 (이미 멸종된) 도도새처럼 영원히 못 볼 거라는 뜻이에요.

여러분이 어른이 되고 늙어서도 호랑이와 북극곰, 큰개미핥기 등을 만날 수 있는 방법이 있어요. 여기, 그 방법들을 소개할게요.

1. 자연으로 나가 활동하기

자연이 어떤 모습이고 어떤 특성이 있는지 이해하는 데 도움이 될 거예요. 시골에 가서 가족들과 다음의 활동들을 해보세요.
- 숲길 걷기. 걸으면서 새도 관찰(탐조)해 보세요.
- 산 오르기
- 황야 지역 탐험하기
- 시냇물 따라가 보기. 단, 이때 길에서 벗어나면 안 돼요!

2. 지역 환경 단체에 참여하기

지역마다 환경을 돌보고 보호하려는 사람들의 모임이 있어요. 한국조류보호협회 등 동물보호 단체의 어린이 회원이 되어 활동해 보세요.

3. 우리 집 앞마당 활용하기

집에 마당이 있거나 주말농장에 참여할 기회가 있다면, 다음과 같이 환경을 살리는 활동을 해보세요.
- 벌처럼 생태계에서 중요한 역할 하는 곤충을 불러들일 수 있는 꽃 심기
- 퇴비 더미 만들기. 음식물이나 낙엽 등 마당에서 나오는 쓰레기를 비료로 재활용하는 거예요. 쓰레기를 가장 친환경적으로 처리하는 방법이죠. 퇴비의 영양분을 먹고 사는 생물도 많답니다.
- 감자나 토마토 같은 채소 기르기. 맛있는 채소를 직접 길러 먹으면 얼마나 좋은데요!
- 묘목 심기

4. 자연보호 단체에 기부하기

'세계자연기금' 같은 비영리 자연 보전 단체들은 위기에 처한 야생동물을 구조하는 등 중요한 일을 해요. 그 비용은 시민들의 후원금으로 마련하죠.
- 세계자연기금이나 비슷한 단체에 문의해 돌봄이 필요한 동물 입양하기
- 학교에서 야생동물 보호 기금 마련 캠페인 벌이기. 먼저 선생님의 허락을 구해야겠죠?
- 고슴도치, 박쥐, 오랑우탄 같은 특수동물을 돕는 작은 규모의 단체 찾아보기

5. 환경오염 줄이기

무언가를 만들거나 이용하는 데는 에너지가 들고 오염이 생길 수밖에 없어요. 물자를 수송하는 것도 기후 변화를 일으키죠. 이런 환경의 변화는 필연적으로 야생동물에 영향을 미친답니다. 환경오염을 **줄이는** 몇 가지 방법이 있어요.
- 사용하지 않을 때는 전등 끄기
- 안 쓰는 전자 기기의 플러그 뽑기
- 전자 기기 쓰고 나면 전원 끄기
- 가까운 거리를 이동할 때는 자동차 대신 자전거를 타거나 걷기
- 물자 아껴 쓰고 최대한 재활용하기
- 쓰레기 함부로 버리지 않고 분리배출하기

6. 플라스틱 사용 자제하기

미세플라스틱은 강과 바다로 흘러 들어가고 토양에도 쌓이는 유해 물질이에요. 사람의 몸과 동물한테도 해로워요!
- 장 볼 때 비닐봉지 대신 시장 가방 사용하기
- 음료 주문할 때 텀블러나 다회용 용기 이용하기
- 플라스틱 용기에 담긴 샴푸나 젤 대신 비누 사용하기

7. 국회의원에게 편지 쓰기

야생동물을 보호하고 환경을 지키는 것은, 실질적으로 정책을 만들고 중요한 의사결정을 내리는 사람들에게 달려있는 일이에요. 야생동물과 서식지 보호에 대한 여러분의 관심과 요청을 담은 편지를 써서 국회의원에게 보내면 어떨까요? 부모님이나 선생님도 도와주실 거예요.

8. 더 많은 정보 찾아보기

여러분은 이 책을 통해 특별한 상황에 놓인 몇몇 동물들에 대해 더 잘 알게 됐을 거예요. 도서관에 가서 더 많은 정보를 찾아보고, **놀랍고도 소중한 우리의 지구**와 지구상의 모든 생명체들을 지키기 위해 우리가 할 수 있는 일이 또 무엇이 있을지 생각해 보세요.

도전! 〈자연 탐구 영역〉 평가

다음은 이 책에 나온 동물들에 대한 지식 테스트입니다. 어렵고 머리 아픈 시험이냐고요? 유쾌하고 흥미로운 문제들이니 꼭 도전해 보세요. 필요한 정보는 본문에서 다 다루었답니다!

1. 호랑이 새끼들은 주로 어디에서 태어날까요?
① 나무 위에서   ② 굴에서   ③ 강가에서   ④ 병원에서

2. 늑대 가족의 집단을 뭐라고 할까요?
① 조직   ② 모임   ③ 부대   ④ 무리

3. 큰개미핥기는 개미를 어떻게 잡아먹을까요?
① 포크와 나이프를 사용해서   ② 길고 끈적거리는 혀로 핥아서
③ 입으로 빨아들여서   ④ 특수 이빨을 이용해서

4. 벌꿀오소리는 적이 가까이 오지 못하도록 이것을 쌓아둡니다. 이것은 무엇일까요?
① 똥   ② 뼈   ③ 만화책   ④ 벌꿀

5. 다음 중 재규어가 가장 좋아하는 먹이는 무엇일까요?
① 흰개미   ② 표범   ③ 햄 치즈 토스트   ④ 멧돼지

6. 북극곰은 먹이인 물개를 어떻게 찾아낼까요?
① 주위를 헤엄쳐 다니며   ② 빙산 꼭대기에 올라가서 두리번거리며
③ 냄새로   ④ 핸드폰에 '물개 찾기' 앱 깔아서

7. 왕아르마딜로의 이빨은 몇 개일까요?
① 0개   ② 커다란 대문니 한 개   ③ 100개   ④ $14\frac{1}{2}$개

8. 다음 중 눈표범이 따뜻한 체온을 유지하는 데 도움이 되는 것은?
① 작은 귀   ② 커다란 코   ③ 넓적한 발   ④ 따뜻한 털모자

9. 사자가 버펄로를 사냥하는 곳은 어디일까요?
① 시내 쇼핑몰   ② 정글   ③ 캠핑장   ④ 풀이 길게 자란 초원

10. 세발가락나무늘보가 싸는 똥의 양은?
① 찔끔   ② 보통   ③ 엄청나게 많이   ④ 여행 가방 크기만큼

정답: 1-②, 2-④, 3-②, 4-①, 5-④, 6-③, 7-①, 8-①, 9-④, 10-③